LE

LUTHIER DE LISBONNE.

RÉPERTOIRE

DU THÉATRE DU GYMNASE-DRAMATIQUE,

CONTINUATION DE CELUI DU THÉATRE DE MADAME,

PAR M. SCRIBE.

Chaque pièce se vend séparément 1 fr.

EN VENTE 2ᵉ SÉRIE.

1. Le Foyer du Gymnase.
2. Une Faute.
3. La Seconde Année, ou A qui la Faute?
4. Le Quaker et la Danseuse.
5. Philippe.
6. Louise.
7. La Favorite.

RÉPERTOIRE

DU THÉATRE DU VAUDEVILLE.

Chaque pièce se vend séparément 75 c.

EN VENTE.

1. Kettly, ou le Retour en Suisse.
2. Léonide, ou la Vieille de Surêne.

CHEZ { POLLET, rue du Temple, nº 36;
BARBA, au Palais-Royal.

Sur la demande d'un grand nombre de nos souscripteurs, nous avons imprimé les trois plus jolies pièces de Picard : *La Petite Ville*, comédie en 4 actes et en prose ; *M. Musard*, comédie en un acte et en prose ; *les Visitandines*, opéra comique en 2 actes. Prix des trois pièces 1 fr. 50 c. Le papier et le format sont absolument conformes au *Répertoire de Madame*. La pagination de ces trois pièces se suit, on peut les faire relier en un volume. Elles forment des parties qui sont détachées, mais ne peuvent se vendre séparément.

LE LUTHIER

DE LISBONNE,

ANECDOTE CONTEMPORAINE EN DEUX ACTES,

MÊLÉE DE VAUDEVILLES,

Par MM. SCRIBE et BAYARD,

REPRÉSENTÉE POUR LA PREMIÈRE FOIS, A PARIS, SUR LE THÉÂTRE DU
GYMNASE-DRAMATIQUE, LE 7 DÉCEMBRE 1831.

PARIS.

POLLET, LIBRAIRE,

ÉDITEUR DU RÉPERTOIRE DU THÉÂTRE DE MADAME,

RUE DU TEMPLE, N° 36.

———

1831.

PERSONNAGES. ACTEURS.

CARASCAL, luthier . . . . M. Legrand.

PAQUITA, sa femme . . . . Mlle Léontine Fay.

LE MARQUIS DE MÉRIDA, chef
de la police . . . . M. Bercour.

TRUXILLO, brigadier . . . . M. Gontier.

UN INCONNU . . . . M. Bouffé.

La Scène se passe à Lisbonne , dans la boutique de Carascal.

Nota. S'adresser , pour la musique de cette pièce et pour celle de
tous les ouvrages qui composent le Répertoire du Gymnase-Dramatique ,
à M. Hormille , chef d'orchestre ; au Théâtre.

Paris. — Imprimerie de Dondey-Dupré , rue Saint-Louis , N° 46.

LE
LUTHIER DE LISBONNE,

ANECDOTE CONTEMPORAINE.

Le théâtre représente la boutique de Carascal, des instrumens de musique ; porte au fond, donnant sur la rue. A droite de l'acteur, porte intérieure ; près de cette porte une table, où sont registres, livres de comptes, écritoire, etc., etc. A gauche, la porte d'un cabinet ; une petite table auprès.

ACTE PREMIER.

SCÈNE PREMIÈRE.

PAQUITA, *assise devant la table à droite, et tenant un registre ouvert*, CARASCAL, *debout, de l'autre côté, tenant une guitare* *.

CARASCAL.

Quelle élégance dans la forme !..... Il n'y a pas dans Lisbonne un seul luthier qui, pour les guitares et les mandolines, puisse jouter avec la maison Carascal... Tiens, femme, vois si celle-ci est bien d'accord. (*Il va à elle.*)

PAQUITA.

Je m'en rapporte à vous.

CARASCAL.

Joue-moi une seguedille.

PAQUITA.

Je ne suis pas en train.

CARASCAL *va poser la guitare et revient auprès de sa femme.*

Et qu'est-ce qui te tourmente ?... qu'est-ce que tu as à être triste ?..... Tout le monde est gêné ; mais nous ne le sommes pas..... Le commerce va mal ; mais le nôtre va bien.

PAQUITA.

Joliment !... on ne chante plus dans Lisbonne.
(*Elle se lève.*)

---

* Les acteurs sont placés en tête de chaque scène comme ils doivent l'être au théâtre. Le premier inscrit tient la gauche du spectateur, ainsi de suite.

CARASCAL.

C'est possible... mais on chante à la cour, et j'en suis
le luthier... je le suis depuis vingt ans... Et quand je me
rappelle la feue reine mère, la veuve de Jean VI... quelle
femme!... quel caractère!... voilà une véritable souve-
raine!..... rien ne lui résistait..... Dans ses momens de
vivacité, elle ne pouvait pas jouer du clavecin sans en bri-
ser deux ou trois par jour... je lui ai dû ma fortune, et
je ne suis pas ingrat... je me mettrais au feu, moi, mes
flûtes et mes guitares, pour son noble fils.

AIR : *Un homme pour faire un tableau.*

C'est un roi si juste et si bon!
Las enfin de la politique,
Dans son palais il va, dit on,
S'occuper un peu de musique.
Quel bonheur, s'il prenait ici
Des instrumens pour se distraire!...
Ce serait un prince accompli,
S'il en jouait comme sa mère!

Ce sont de si bons maîtres que ces princes de Bragance.

PAQUITA.

Ce n'est pas l'avis de tout le monde.

CARASCAL.

Et qui dit le contraire?... des perturbateurs, des séditieux!... des gens qui veulent se mêler de raisonner!...
Moi, je ne raisonne pas.... je les aime.... parce que je
les aime... Le roi approuve; je dis : C'est bien... Le roi
condamne; je dis : Bravo!... et il a raison, toujours raison... car il est roi!... aussi, que les autres se plaignent
et qu'ils crient misère!... moi, je crie : Vive le roi!... et
je ne sors pas de là.

PAQUITA.

Ce qu'il y a de mieux à faire à de bons bourgeois tels
que nous, c'est de ne crier pour personne.

CARASCAL.

Ça m'est impossible... il faut que je crie... ne fût-ce
qu'après toi, qui es toujours triste et dolente dans ton comp-
toir, et qui ne veux jamais sortir... cela me fait de la peine;
car tu sais bien, ma chère Paquita, qu'après mon gracieux
souverain, tu es ce que j'aime le mieux... je voudrais te
voir t'amuser, te distraire... et j'ai là des billets pour demain dimanche, à la chapelle du roi.

PAQUITA.

Ce n'est pas la peine... j'ai besoin de prier... et Dieu est partout.

CARASCAL.

Il ne s'agit pas de ça... il s'agit du roi, ce qui est bien autre chose... Tu verras le roi et la famille royale, que tu ne connais pas... et que tu n'as jamais vus.

PAQUITA.

C'est donc bien beau?

CARASCAL.

Si c'est beau!... Je le regarderais toute la journée sans boire ni manger... et je reviendrais content... car je me dirais : J'ai vu le roi!... Aussi, c'est à notre protecteur, c'est au marquis de Mérida que j'ai demandé ce billet.

PAQUITA, *avec émotion.*

Au marquis?

CARASCAL.

Lui-même... Quand il a su que c'était pour toi, si tu avais vu comme il s'est empressé!... Voilà encore un bon et digne seigneur!... Qu'on dise que ces gens de la cour, que les nobles Portugais sont fiers comme..... des Espagnols!..... en voilà un qui ne dédaigne pas de venir chez un simple marchand!... que de fois il m'a fait cadeau de cigares parfumés!... de cigares de la cour!... Que de fois, en rentrant cet hiver, je l'ai trouvé causant tranquillement avec toi, au coin du feu!... et quand tu étais malade, et que je passais la soirée auprès de toi, il faisait ma partie d'hombre.

AIR : *L'Amour qu'Edmond a su me taire.*

Près de ton lit il la faisait lui-même!
Lui! favori, ministre, grand seigneur;
Il y semblait prendre un plaisir extrême!
Toujours aimable, et toujours beau joueur,
Quand je gagnais, loin de porter envie
A mon bonheur... il était près de toi
Toujours si gai, qu'en perdant la partie,
Il avait l'air d'y gagner plus que moi.
Il avait l'air, en perdant la partie,
    D'y gagner encor plus que moi.

Et l'on ne veut pas que j'aime ces gens-là!... que je leur sois dévoué!...

PAQUITA, *avec impatience.*

Eh! monsieur, en voilà assez.

CARASCAL.

Non, ce n'est pas assez... Ce cher marquis, notre ami, notre pratique!... car lui, qui n'est pas musicien, a toujours des harpes, des violons, des contre-basses à me commander... et j'oubliais une mandoline qu'il devait envoyer chercher aujourd'hui, et qui n'est même pas encore achevée.

PAQUITA.

Et vous êtes là à causer...

CARASCAL.

Tu as raison..... Je vais presser les ouvriers. (*Il fait quelques pas pour sortir. On entend une musique militaire.*) Entends-tu une musique militaire ?

PAQUITA.

Des troupes qui défilent dans la rue.

CARASCAL.

Je sais ce que c'est... un régiment qui vient de la province pour renforcer la garnison.

PAQUITA.

Il y en a déjà tant dans cette ville... Lisbonne a l'air d'une caserne.

CARASCAL.

Il n'y a pas de mal... il faut qu'un souverain soit gardé.

PAQUITA.

Par l'amour du peuple.

CARASCAL.

Oui... et par les troupes de ligne... c'est plus sûr. (*La musique militaire continue en s'affaiblissant; un soldat paraît à la porte du fond.*) C'est de la cavalerie... c'est égal.

SCÈNE II.

LES PRÉCÉDENS, TRUXILLO, *entrant.*

TRUXILLO.

Le luthier Carascal?

CARASCAL.

C'est ici.

PAQUITA.

Est-il possible!... Truxillo!

CARASCAL.

Notre cousin!

TRUXILLO, *lui sautant au cou.*

Eh oui! cousin... c'est moi.

CARASCAL *.

Y a-t-il long-tems que nous ne nous sommes vus!

PAQUITA.

Depuis trois ans.

TRUXILLO.

Oui... depuis votre mariage.

CARASCAL.

C'est vrai, femme... car tu te rappelles qu'il s'était engagé dans un régiment deux jours avant la noce... ce qui l'avait même empêché d'y assister..... et je lui en ai toujours voulu.

TRUXILLO.

Le devoir avant tout... Je suis parti soldat, je reviens brigadier..... J'espérais mieux que cela..... mais pas de guerre, pas de gloire, pas d'avancement.

CARASCAL.

Excepté quelques petits combats contre les rebelles.

TRUXILLO.

Ce n'est pas cela qui avance; au contraire... Enfin, un ordre du ministre nous a fait quitter la province de *Tra-los-Montes*, pour arriver, à marches forcées, dans la capitale; et je me suis dit : « Tant mieux! j'embrasserai le cousin, je verrai la cousine; ce sera toujours ça... et après, au petit bonheur! »

CARASCAL.

Ce cher Truxillo!... Ah çà! tu prendras bien un verre de vin?

TRUXILLO.

Oui, ma foi!

CARASCAL.

Femme! une bonne bouteille de vin... et puis des cigares... ici, dans la boutique.

---

* Paquita, Truxillo, Carascal.

PAQUITA.

C'est bien... (*A Truxillo.*) Mais ôtez donc votre sabre, votre casque... (*à demi-voix, pendant que Carascal l'aide à s'en débarrasser.*) Ah! mon cousin, que je suis heureuse de vous voir!... Ce matin encore, je priais le ciel de m'envoyer un conseil..... un ami..... il m'a exaucée, puisque vous voilà.. Adieu, je reviens. (*Elle sort par la porte à droite.*)

SCÈNE III.

TRUXILLO, CARASCAL.

TRUXILLO, *à part, regardant sortir Paquita.*
Qu'a-t-elle donc?... quel air de tristesse!

CARASCAL.

Que je suis heureux de te recevoir chez moi, dans mon petit ménage!

TRUXILLO.

Et moi donc!

CARASCAL.

Tout le tems que tu resteras à Lisbonne, ton couvert est ici... chez nous, soir et matin... ne l'oublie pas, ou ça finira mal.

TRUXILLO.

Ah! c'est trop de bonté, cousin!..... et quoique je sois déjà un vieux soldat... quoique, chez moi, la sensibilité soit dure à la détente, je suis tout ému de ton accueil.

CARASCAL.

N'est-ce pas naturel?.... ne sommes-nous pas du même village?... n'avons-nous pas été élevés ensemble?...

TRUXILLO.

Chez le père Godinet, le magister.

CARASCAL.

Tu te le rappelles... avec sa perruque rousse?

TRUXILLO.

Et son martinet!

CARASCAL.

J'ai souvent fait connaissance avec lui... toi, jamais... tu te révoltais.

TRUXILLO.

C'est vrai.... parce que le père Godinet était un trou-
pier qui n'attaquait jamais l'ennemi de front... et je n'aime
pas cela... d'autant que j'ai toujours été querelleur.... je
n'étais pas bon.

CARASCAL.

Excepté avec moi.... car je ne crois pas que jamais, de
notre vie, nous ayions eu une dispute ou un mot de fâche-
rie?...

TRUXILLO.

Jamais.

CARASCAL.

Et plus tard, quand j'avais dix-huit ans, et qu'au risque
d'être broyé par la roue du moulin, tu t'es jeté à l'eau pour
m'en retirer.

TRUXILLO.

Et toi, cousin, et toi... quand notre oncle le curé, qui
m'en voulait de ce que je n'allais pas à la messe, t'avait
laissé toute sa fortune... et que tu m'as dit : « Ce n'est pas
juste..... tu es aussi son neveu, nous sommes du même
sang... et tiens, voilà ta part !...» Tu l'as dit, et nous
avons partagé comme deux amis.

CARASCAL.

Air *de Lantara*.

Ah ! dis plutôt, comme deux frères ;
Car nous l'étions.

TRUXILLO.

Nous le sommes toujours.
O tems heureux de nos jeunes misères,
D'nos grands projets et d'nos premiers amours.
Toujours unis, quel bonheur fut le nôtre !
Depuis trente ans, dans tous nos souvenirs,
Le nom de l'un n'peut rappeler à l'autre
Que des servic's ou des plaisirs.

ENSEMBLE.

Le nom de l'un n'peut rappeler à l'autre
Que des servic's ou des plaisirs.

CARASCAL.

C'est vrai... Que je t'embrasse encore !..... (*Paquita
entre apportant une bouteille, et les voit dans les bras l'un de
l'autre.*) Et maintenant à table.

TRUXILLO.

Tu as raison... buvons, et plus de sentiment. (*Il s'assied. Paquita a placé une petite table au milieu du théâtre; elle y met la bouteille de vin, un paquet de cigares et une petite lampe allumée.*

CARASCAL, *prenant la bouteille, et s'apprêtant à la déboucher.*

D'abord un verre de vin... c'est du xérès, et du bon... (*Avec satisfaction.*) Il me vient du sommelier de la couronne... c'est le vin du roi... celui dont il boit lui-même.

TRUXILLO ; *froidement.*

Ah !..... j'en aime mieux d'autre..... je n'aime pas le xérès.

CARARCAL, *remettant la bouteille sur la table et s'asseyant.*

Qu'à cela ne tienne... Femme !...

PAQUITA.

Je vais à la cave. (*Elle sort.*)

TRUXILLO.

Du tout, cousine... ça n'en vaut pas la peine... c'est une idée.

CARASCAL.

Laisse-la donc faire, ce ne sera pas long... nous fumerons un cigare en attendant.

TRUXILLO, *prenant un cigare.*

Joli cigare... comme c'est élégant !... (*Fumant.*) Je n'ai jamais fumé d'aussi bon tabac... un goût parfumé !...

CARASCAL.

Je crois bien.... c'est un grand seigneur qui m'en a fait cadeau.... ils viennent de la cour.

TRUXILLO, *arrachant de sa bouche le cigare et le jetant par terre.*

Je n'en veux plus.

CARASCAL.

Et pourquoi donc ?

TRUXILLO.

Pardon... c'est plus fort que moi... j'ai pour tous ces gens-là une horreur...

CARASCAL.

Y penses-tu ?... toi, un bon soldat, un honnête homme... tu n'aimes pas la cour ?...

TRUXILLO.

Non, morbleu !

CARASCAL.

Tu n'aimes donc pas ton pays ?

TRUXILLO.

C'est parce que je l'aime que je déteste ceux qui font son malheur, et qui l'inondent de sang.

CARASCAL.

S'il y a des séditieux, il faut donc les laisser agir ?

TRUXILLO.

S'il y a des tyrans, il faut donc les adorer et se taire ?

CARASCAL.

Des tyrans !... qu'est-ce que tu appelles des tyrans ?

TRUXILLO.

Celui qui règne contre les lois.

CARASCAL.

S'il ne fait pas sa volonté, ce n'est pas la peine d'être roi..... c'est pour gouverner à son caprice et à son bon plaisir que Dieu l'a mis sur le trône.

TRUXILLO.

Dieu se mêle bien de lui.

CARASCAL.

Oui, sans doute ; et la preuve, c'est qu'il y est...... et pourquoi y est-il ?... parce qu'il est légitime... quoi qu'on en dise.

TRUXILLO.

Mais il a méconnu la voix du sang et celle de l'honneur.

CARASCAL.

Il est légitime.

TRUXILLO.

Il a égorgé ses sujets.

CARASCAL.

Légitimement... il en avait le droit... Et dis-moi un peu, toi, qui parles..... quels sont ceux qui l'accusent de cruauté ?... ceux qu'il a épargnés... car les autres ne disent rien... et c'est une leçon... cela doit lui apprendre à être clément.

TRUXILLO.

Clément... lui!.... un tigre pareil, qu'on croirait le
fils du diable!

CARASCAL.

Le fils du diable, mon doux souverain!...

TRUXILLO.

Il ne le sera pas long-tems... et si les Portugais ont du
cœur, ils sauront reconquérir leur liberté.

CARASCAL.

C'est ce que nous verrons... et si je connaissais des
gens assez lâches, assez infâmes, pour nous forcer...

TRUXILLO.

A être libres!... qu'est-ce que tu ferais?

CARASCAL.

Je les empêcherais bien... je les signalerais... je les
dénoncerais.

TRUXILLO, *se levant.*

Eh bien! dénonce-moi donc... car j'en suis.

CARASCAL, *se levant aussi.*

Toi, misérable!

TRUXILLO.

Oui, moi, et tous les miens... moi et mes camarades,
qui viennent ici dans l'espoir de frapper le tyran, de déli-
vrer la patrie... et avant qu'il soit huit jours...

CARASCAL.

Vous l'espérez en vain... car avant ce soir, vous serez
tous traités comme vous le méritez.

TRUXILLO.

Tu nous feras donc traîner à l'échafaud?

CARASCAL.

Et plutôt deux fois qu'une.... je l'ai juré..... c'est mon
devoir.

TRUXILLO.

Tu n'es qu'un scélérat.

CARASCAL.

Et toi un brigand... (*saisissant la bouteille et menaçant
Truxillo.*) qui ne mourras que de ma main.

TRUXILLO, *saisissant une chaise et faisant le même mouvement.*

Et toi de la mienne.

SCÈNE IV.

TRUXILLO, PAQUITA, CARASCAL.

PAQUITA, *entrant, une bouteille à la main, et les voyant dans cette attitude.*

Que vois-je!... vous menacer!... deux frères!... deux amis!... vous qui tout-à-l'heure encore étiez dans les bras l'un de l'autre. (*Elle enlève la table et la place au fond.*)

TRUXILLO, *qui a remis la chaise en place.*

Ah! elle a raison.

CARASCAL, *d'un ton qu'il cherche à radoucir.*

Pourquoi ose-t-il, devant moi, dire du mal de mon souverain légitime?

TRUXILLO, *de même.*

Ai-je tort?... puisque, grâce à lui, la discorde est dans nos familles... puisque deux parens, deux amis d'enfance sont prêts à s'égorger.

CARASCAL.

A qui la faute?

PAQUITA.

Carascal, y pensez-vous?... allez-vous recommencer? (*S'approchant.*) Plus de discussions... plus de politique... allons, votre main.

CARASCAL.

C'est impossible... nous ne pouvons plus nous entendre.

TRUXILLO.

Nous ne pouvons plus vivre sous le même toit, ni manger à la même table... adieu!

PAQUITA, *à Truxillo.*

Je ne vous reverrai donc plus... je serai donc punie, moi, qui ne vous ai rien fait, et qui vous aime tant.

TRUXILLO, *revenant.*

Ah! pardon, cousine, je ferai ce que vous voudrez.

PAQUITA.

A la bonne heure... (*Se retournant vers Carascal.*) Et vous, mon ami?

CARASCAL.

Qu'il me promette d'aimer mon souverain.

TRUXILLO.

Jamais.

CARASCAL.

Eh bien!... de ne plus conspirer contre lui.

TRUXILLO.

Moi!

PAQUITA.

Et la promesse que vous venez de me faire?

TRUXILLO.

C'est juste... voilà ma main.

PAQUITA, *à son mari.*

Maintenant, la vôtre. (*Elle met la main de Carascal dans celle de Truxillo; ils se regardent quelque tems en silence, puis se tendent les bras et se serrent l'un contre l'autre.*)

TRUXILLO.

Pardon, pardon, mon frère *.

CARASCAL.

Non, c'est moi qui ai tort..... tu étais mon hôte, mon ami.. je ne devais pas t'offenser.

PAQUITA.

Pas un mot de plus.

TRUXILLO.

Oui... ne parlons jamais du présent, nous ne pourrions plus nous entendre..... parlons du passé, où nous nous comprenions... et de l'avenir, où nous nous retrouverons.

CARASCAL.

Tu dis vrai... Je vais à mes ouvriers.

PAQUITA, *à Truxillo, qui va pour sortir.*

Restez, de grâce.

CARASCAL.

Viens-tu avec moi?

TRUXILLO.

Non, j'ai à causer avec la cousine.

---

* Paquita, Truxillo, Carascal.

CARASCAL.

A la bonne heure... Mais tantôt, puisque te voilà, nous irons ensemble chez mon notaire... j'ai, pour la succession, une signature... un service à te demander.

TRUXILLO.

Un service !... je vois que nous sommes tout-à-fait raccommodés, et je te remercie.

CARASCAL.

Adieu, cousin...

TRUXILLO.

Adieu... (*A part.*) Quel dommage qu'un si brave garçon soit royaliste !

CARASCAL, *au fond, se tournant vers Truxillo.*

Quel malheur qu'un si honnête homme soit libéral !... Adieu, cousin.

SCÈNE V.

PAQUITA, TRUXILLO.

TRUXILLO.

Eh bien! cousine, qu'y a-t-il donc? (*Voyant qu'elle regarde autour d'elle.*) Quel air de mystère !... Nous voilà seuls... que vouliez-vous me dire ?

PAQUITA.

Ah! Truxillo..... je n'ai d'espoir qu'en vous..... soyez mon appui, mon conseil.

TRUXILLO.

Parlez.

PAQUITA.

Je croyais en avoir le courage, et je n'oserai jamais.

TRUXILLO.

Et en qui aurez-vous donc confiance, si ce n'est en moi, qui vous connais, qui vous aime depuis si long-tems ?... ne sommes-nous pas du même pays ?... n'avons-nous pas été élevés ensemble?... et même, s'il faut vous le dire, depuis que j'ai l'âge de raison, depuis que je... vous vois, j'avais rêvé que vous seriez ma femme... ça n'a pas pu avoir lieu... un autre m'a prévenu... il a été accepté par votre famille... c'est un honnête homme, qui vous aime;

qui est riche, qui a un bon état.... moi, dans le mien, j'ai eu de la peine, j'ai souffert... mais vous, vous avez été heureuse, tout ça se compense... Dieu soit loué, je ne me plains pas... et si aujourd'hui je puis vous être bon à quelque chose, me voilà content... c'est le premier bonheur que j'aurai eu de ma vie.

PAQUITA.

Ah! comment ne seriez-vous pas heureux?... vous qui n'avez rien à vous reprocher.

TRUXILLO.

Le beau mérite..... J'espère bien, Paquita, que vous êtes comme moi. (*Paquita se cache la tête dans ses mains.*) Eh bien! eh bien! qu'est-ce que cela veut dire?

AIR *du vaudeville de la Somnambule.*

Allons, cousine, un peu de confiance!
Pourquoi ces pleurs et cet effroi soudain?
Moi votre frèr' 'jai l' droit d'être, je pense,
  Le confident de votr' chagrin.
Quoique soldat, vous devez me connaître,
Je suis discret... et d'ailleurs quelqu' boulet,
  Dès d'main, emportera peut-être
  Le confident et le secret.

PAQUITA.

Oh! je ne mérite ni votre affection, ni votre pitié... je suis coupable... je le suis, et sans excuse à vos yeux et aux miens... car je n'ai pas cédé à une passion entraînante, irrésistible,.... c'est l'orgueil, c'est la vanité qui m'ont perdue.

TRUXILLO.

Que dites-vous?

PAQUITA.

Le désir de briller, d'éclipser mes amies, mes rivales, de paraître aux spectacles, au cirque, aux combats de taureaux, dans les places reservées aux personnes de haut rang, et dont mon humble condition devait m'exclure... Que vous dirai-je enfin?..... un instant de folie, de vertige!... Dieu m'a abandonnée... mais à l'instant même, et trop tard, la raison m'est revenue... détestant ma faute, et plus encore celui qui en fut la cause... celui qui m'a ravi mon estime, et surtout la vôtre....

TRUXILLO.

Moi.

PAQUITA.

Oui, je le vois... et voilà mon plus grand châtiment...
mais il en est un autre encore... si vous saviez ce que je
souffre... en vain le repentir m'accable ; en vain je veux
me dérober à la honte, revenir à moi-même, à mes devoirs, à la vertu... je ne le puis... celui qui m'a perdue
ne le permet pas... terrible, implacable, il me poursuit
comme le remords..... il semble que mes dédains et ma
haine aient encore augmenté son amour... quand je veux
le fuir, le bannir de ma présence..... il me parle d'un
éclat..... il veut me déshonorer aux yeux du monde et de
mon mari.

TRUXILLO.

L'infâme !

PAQUITA.

Il le peut... il a à moi des lettres... des lettres dont il
me menace... Que faire ?..... conseillez-moi.... Il faut
mourir, n'est-il pas vrai ?...

TRUXILLO.

O ciel !

PAQUITA.

Eh !... quel autre moyen ?

TRUXILLO.

Il en est un plus sûr... Dites-moi son nom.

PAQUITA.

Et pourquoi ?

TRUXILLO.

Dites-moi son nom, et je le tuerai.

Air *d'Aristippe.*

Après ce que je viens d'apprendre,
Il me faut sa vie.

PAQUITA.

Ah grands dieux !
A vos respects il a droit de prétendre !

TRUXILLO.

Non, quel qu'il soit, il doit m'être odieux.

PAQUITA.

Dans quels périls l'amitié vous emporte !

TRUXILLO.

Pour vous venger, je les braverais tous !

PAQUITA.

C'est exposer vos jours.

TRUXILLO.

Eh ! qué m'importe ?
Depuis long-tems ils sont à vous.

PAQUITA.

Jamais, jamais !.... je ne le veux pas... songez donc que c'est un seigneur de la cour... un grand seigneur, si puissant, si élevé...

TRUXILLO.

L'est-il plus que le roi ?

PAQUITA.

Non, sans doute.

TRUXILLO.

Eh bien ! fût-ce le roi lui-même !...

PAQUITA.

Silence !.... on vient... ce soir.... nous achèverons cet entretien... je vous dirai qui il est... je vous dirai son nom...

TRUXILLO.

C'est dit... vous aurez vengeance.

PAQUITA, *effrayée*.

O ciel !

TRUXILLO.

Je me tais... (*Paquita va se rasseoir auprès de la table; Truxillo s'éloigne vers la gauche.*)

SCÈNE VI.

Les Précédens, LE MARQUIS, CARASCAL *.

CARASCAL, *au marquis, en entrant*.

Que de pardons j'ai à vous demander, monsieur le marquis... daigner venir vous-même !...

TRUXILLO, *à part*.

M. le marquis... Encore un grand seigneur.

LE MARQUIS.

Oui... pour savoir si on s'est occupé de ce que je vous ai commandé.

_____

* Paquita, le Marquis, Carascal, Truxillo.

CARASCAL.

Cette guitare... mon Dieu! monsieur le marquis, il ne fallait plus à mes ouvriers qu'une petite demi-heure... et l'on allait la porter à votre hôtel.

LE MARQUIS.

N'est-ce que cela?... j'attendrai.

CARASCAL.

Vous prendriez cette peine!... Que ces grands seigneurs sont bons!... Daignez vous asseoir.

LE MARQUIS, *sans lui répondre, et s'adressant à Paquita.*

Comment se porte la señora?

CARASCAL, *répondant pour elle.*

Fort bien... Et le roi?

LE MARQUIS.

Je le quitte à l'instant... il se porte... comme les tours de Belem.

CARASCAL.

Quel bon prince!

LE MARQUIS.

Mais la señora me paraît souffrante.

CARASCAL.

Oui... elle l'était... ce n'est rien... Et le roi?

LE MARQUIS.

Je l'ai laissé à déjeûner, avant de partir pour la chasse.

CARASCAL.

Quel bon prince!

LE MARQUIS.

Expédiant à-la-fois une tranche de galantine, et deux ou trois arrêts, que je lui avais portés à signer.

CARASCAL, *allant vers Truxillo.*

Le bon prince!

TRUXILLO, *avec colère.*

Eh morbleu!...

LE MARQUIS, *montrant Truxillo.*

Quel est cet homme?

TRUXILLO.

Vous le voyez bien... un soldat.

LE MARQUIS.

Silence !... Qui t'a interrogé? (*A Carascal.*) Comment est- il ici?

PAQUITA.

C'est notre cousin.

CARASCAL.

C'est notre cousin.

LE MARQUIS, *d'un air aimable.*

Ah ! votre cousin !.. bon soldat, brave militaire... et il n'est encore que brigadier !.... c'est une injustice.

TRUXILLO, *brusquement.*

Qu'en savez-vous?

LE MARQUIS.

Parce qu'appartenant à une famille d'honnêtes gens, de gens bien pensans...

AIR : *Il n'est pas tems de nous quitter.*

Il sera par moi protégé ,
Je veux qu'il avance au service.

CARASCAL.

Hem ! tu l'entends.

TRUXILLO.

Bien obligé.
Point de faveur... de la justice !
Que le courag' soit tout ici.
Et je veux, si je gagn' des grades .
Que ce soit aux dépens d' l'enn'mi ,
Et non pas de mes camarades.

LE MARQUIS.

Très-bien !... belle réponse !...

CARASCAL.

Certainement..... Mais pardon, monsieur le marquis, voilà midi, l'on m'attend chez mon notaire, où le cousin doit me servir de témoin.

LE MARQUIS.

Comment donc... ne vous gênez pas... les affaires de famille avant tout... j'attendrai ici.

CARASCAL.

C'est ce qui me désole... mais, dans un instant, la guitare sera achevée... et puis la señora vous tiendra compagnie, n'est-ce pas, ma femme?

AIR : *Allons, mon père*, etc.
(*A Truxillo.*)
Allons, mon cher, et surtout sois prudent.
(*A Paquita.*)
Toi, sois aimable, je t'en prie ;
Vous, monseigneur, j' vous remercie
De son prochain avancement.
Il accepterait, c'est égal...
(*A Truxillo.*)
Quelles promesses !..

TRUXILLO.

D' la fumée.

CARASCAL.

En pensant bien.... tu seras général.

TRUXILLO.

Oui, ça ferait un' belle armée.

CARASCAL

Allons, mon cher, et surtout sois prudent.
Toi, sois aimable, je t'en prie,
Vous, monseigneur, j' vous remercie
De son prochain avancement.

TRUXILLO.

Il a raison, il faut être prudent
Dans l'intérêt de sa patrie ;
Ma colère est une folie,
De me fâcher ce n'est pas le moment.

PAQUITA.

Hâtez-vous donc, cousin, soyez prudent,
Se fâcher est de la folie.
Allez, et surtout, je vous prie,
Auprès de moi revenez promptement.

LE MARQUIS, *à Carascal.*

Allez, mon cher, puisqu'en ces lieux j'attend
Que la guitare soit finie,
De vos affaires, je vous prie,
Occupez-vous ; c'est le plus important.

(*Carascal et Truxillo sortent, Paquita va s'asseoir auprès de la porte du cabinet à gauche.*)

SCÈNE VII.

LE MARQUIS, PAQUITA.

(*Moment de silence.* — *Le marquis, s'adressant à Paquita, qui reste assise et les yeux baissés sur son ouvrage.*)

LE MARQUIS.

Eh quoi! pas même un regard!

PAQUITA.

Ah! que ne puis-je me cacher aux vôtres!

LE MARQUIS.

Quel enfantillage!... quelle folie!... (*S'approchant et s'appuyant sur le dos de sa chaise.*) Paquita, qu'avez-vous contre moi?... et comment maintenant m'est-il plus difficile que jamais de vous voir... de vous parler?

PAQUITA.

Que puis-je vous dire, monsieur, que vous n'ayez déjà deviné?

LE MARQUIS.

Oui, je vois que vous ne m'aimez plus... que vous ne m'avez jamais aimé.

PAQUITA.

S'il était vrai... si votre cœur vous le dit, pourquoi me prodiguer des soins que je ne mérite pas?... pourquoi votre juste fierté ne vous conseille-t-elle pas de me fuir?

LE MARQUIS.

Ah! c'est que jamais, et j'en rougis... jamais je ne t'ai plus aimée... Mais je reviens enfin à la raison... (*s'éloignant d'elle.*) je veux renoncer à toi.

PAQUITA, *se levant et s'approchant de lui.*

Serait-il vrai?

LE MARQUIS.

Ah! ce mot-là nous rapproche... et l'espoir de ne plus me voir est le seul qui te touche.

PAQUITA.

Monseigneur...

LE MARQUIS.

Soit... et quoique je ne sois pas habitué jusqu'ici à faire

naître de telles émotions... il faut bien prendre son parti...
cela m'apprendra à faire alliance avec la bourgeoisie.....
Écoutez, Paquita, puisque vous méconnaissez mon amour...
puisque vous me bannissez... je consens à m'éloigner...
bien plus..... je consens même à vous rendre les lettres
dont la possession vous effrayait tant.

PAQUITA.

Ah! quelle générosité!

LE MARQUIS.

Oui, nous en avons quelquefois..... mais j'y mets une
condition.

PAQUITA.

Et laquelle?

LE MARQUIS.

Les lettres sont chez moi... j'irai les chercher et vous
les rendrai.

PAQUITA.

A moi... à moi seule?

LE MARQUIS.

C'est bien mon intention.

PAQUITA.

Dès ce soir, je vous en prie.

LE MARQUIS.

Ce soir, c'est impossible... je suis de service à la cour,
et j'y resterai jusqu'à minuit..... alors seulement je serai
libre, et je pourrai vous les apporter.

PAQUITA.

A une pareille heure!... cela ne se peut pas.

LE MARQUIS.

Et pourquoi donc?

PAQUITA.

Et mon mari, monsieur, mon mari...

LE MARQUIS.

N'est-ce que cela?... si je trouve moyen de l'éloigner?

PAQUITA.

O ciel!

LE MARQUIS.

Si quelque affaire imprévue, indispensable, le retenait cette nuit hors de sa maison?

PAQUITA.

Jamais, jamais je n'y consentirai.

LE MARQUIS.

Il le faut cependant... alors tout est oublié... je renonce à tous mes droits... et maîtresse de vous-même, vous revenez à l'honneur... à vos devoirs.

PAQUITA.

En les trahissant encore.

LE MARQUIS.

Quand c'est par vertu!

PAQUITA.

Vous me faites horreur.

LE MARQUIS.

Alors, comme vous voudrez.

PAQUITA.

Monsieur, je vous en supplie!

LE MARQUIS.

Vous consentez donc?

PAQUITA.

Grâce, grâce, au nom du ciel!... prenez pitié de moi, de mon mari... de mes enfans... (MUSIQUE. — *On entend un bruit confus au dehors.*) Entendez-vous ce bruit!... l'on vient... Ah! ce serait fait de moi si l'on me voyait. (*Elle se rapproche de la table, essuie ses yeux, et entre dans l'appartement à droite.*)

SCÈNE VIII.

LE MARQUIS, *seul.*

Elle y consentira, j'en suis sûr!... elle tient tant à redevenir honnête femme!... C'est une belle chose que les remords... pour ceux qui en profitent!... Mais son mari, comment l'éloigner cette nuit?... par quel moyen?.....
Hein!... qui revient là?

SCÈNE IX.

LE MARQUIS, UN INCONNU.

L'INCONNU, *enveloppé d'un manteau.*

Les misérables!... du peuple!... toujours du peuple!...
il y en a partout...

LE MARQUIS.

En croirai-je mes yeux?

L'INCONNU.

Eh! c'est vous...

LE MARQUIS.

Vous, que je croyais à la chasse...

L'INCONNU.

Silence... j'en arrive... (*riant.*) une chasse délicieuse!...
un massacre de faisans et de perdreaux!...

LE MARQUIS.

Vraiment!...

L'INCONNU.

J'étais heureux..... et pendant que j'étais en train de
m'amuser, j'avais voulu sortir un instant, à pied..... car
me voilà, moi, que l'on croit toujours tremblant, toujours
caché... je sors, je me promène sans crainte et sans gardes... J'étais donc sorti, entouré de mes gens qui me suivaient à distance, lorsque j'ai aperçu des hommes du peuple
qui se disputaient, qui se battaient... c'était amusant...
mais en m'arrêtant pour les animer et les regarder... je
me suis trouvé séparé de ma suite..... deux hommes de
mauvaise mine me suivaient en causant à voix basse...

LE MARQUIS.

O ciel!

L'INCONNU.

Ils disaient : « Le monstre!... le tigre!... » Ils par-
laient politique, j'en suis sûr... Craignant d'être reconnu,
je me suis jeté dans la première boutique venue.

LE MARQUIS.

Vous ne pouviez mieux rencontrer... celle-ci appartient
à un sujet fidèle et dévoué.

L'INCONNU.

Restons-y alors jusqu'au premier coup de vêpres... tout le monde qui est dans la rue se précipitera dans l'église de Saint-Vincent, et nous pourrons retourner tranquillement au palais... Ce sont de si braves gens que ces habitans de Lisbonne!... religieux, honnêtes et soumis...

LE MARQUIS.

Ils vous aiment tant!

L'INCONNU.

Ils ont raison; car moi aussi je les aime.

LE MARQUIS.

En vérité?

L'INCONNU.

Comme j'aime les perdreaux... ils se laissent faire... il n'y a dans ce pays-ci que les mules qui aient du caractère, et qui sachent se révolter... Les miennes ont manqué me tuer... et je les estime.

LE MARQUIS.

Pouvez-vous parler ainsi d'un accident qui a pensé nous coûter si cher...

LE ROI.

Oui, c'eût été dommage; car nous menons joyeuse vie!... Renfermés dans notre palais de Quélus, éclairés par mille flambeaux, enivrés par le vin, les parfums et la danse, nous ne nous inquiétons guère s'il y a un Dieu au ciel, ou des rois en Europe.

AIR : *Sur tout ce que je vous dirai.*

Les seuls princes dont je fais cas
Sont les souverains de la banque;
Le pouvoir ne me manque pas.
Hélas! c'est l'argent qui me manque.
Les rois ont beau me renier!...
Pauvres gens!.. j'en rirais peut-être,
Si je trouvais un seul banquier
Qui voulût bien me reconnaître.

Mais ils y viendront... et alors, nous n'aurons qu'un souci... celui d'inventer de nouveaux plaisirs... et depuis quelques jours, ton imagination se ralentit... tu es sombre... tu es triste.

LE MARQUIS.

Moi, sire...

LE ROI.

Oui, tu as quelque chose... la crainte d'une disgrâce...
tu l'aurais méritée peut-être, ce complot que tu n'avais pas
découvert... J'ai pardonné... mais à la première fois,
prends-y garde... Voyons, qu'est-ce qui te tourmente?

LE MARQUIS.

Un grand chagrin.

LE ROI.

Vraiment!... eh bien! dis-le moi... cela m'amusera...

LE MARQUIS.

Que de bontés!

LE ROI.

Pourquoi donc? ne suis-je pas ton ami?

LE MARQUIS.

Je le sais, et j'en suis fier..... eh bien! sire, je suis
amoureux.

LE ROI, *riant.*

Allons donc, moi qui t'estimais.

LE MARQUIS.

Amoureux d'une femme qui a un mari.

LE ROI

A la bonne heure... c'est mieux.

LE MARQUIS.

J'ai bien la clé de l'appartement... une clé mystérieuse
qu'elle m'avait redemandée... heureusement, et à son
insu, j'en ai gardé une seconde... mais le mari qui est là...
le mari... je ne sais comment m'y prendre pour l'éloigner
cette nuit de son logis.

LE ROI.

Eh bien! parlons de cela... Voilà une aventure délicieuse... j'en suis... Et pour faire sortir un mari de chez
lui, cela ne me paraît pas bien difficile.

LE MARQUIS.

Vous croyez..... la nuit..... par le froid, le mauvais
tems.

LE ROI.

Qu'importe?... un mot de moi... deux soldats, un brigadier... et je le fais enlever dès ce soir, fût-il en robe de
chambre, et prêt à se mettre au lit.

LE MARQUIS.

Est il possible! une telle faveur!...

LE ROI.

Est-ce que tu n'aurais pas osé me la demander?

LE MARQUIS.

Non vraiment.

LE ROI.

Quel enfantillage!... et depuis quand fais-tu avec moi
des façons et des cérémonies?... est-ce qu'entre nous il faut
se gêner?

LE MARQUIS.

Ah! sire.

LE ROI.

Tu n'as donc pas confiance en moi! je ne suis donc pas
ton ami?

LE MARQUIS.

Ah! vous êtes le meilleur des maîtres...

LE ROI.

Ils ne le croient pas en Europe... parce que, vu de loin,
on se fait... des monstres de tout... Mais vous qui me
connaissez... qui pouvez me juger... Voyons, quel est
cet homme? son nom?

LE MARQUIS.

Carascal... un simple bourgeois.

LE ROI.

Que cela... et tu m'en remercies... il n'y a pas de
quoi.

LE MARQUIS.

Sans doute... mais je dois cependant vous dire qu'il
tient un rang dans son quartier... qu'il a de l'influence...
et que s'il se plaint... s'il réclame...

LE ROI.

Je l'en défie bien... crois-tu donc que je fais les choses
à demi?

LE MARQUIS.

Et comment cela ?

LE ROI.

Nous avons, demain, après déjeûner, une réunion de *negros*, francs-maçons, *liberales*... que sais-je..... tous gens inutiles que je supprime... et nous mettons le seigneur Carascal sur la liste des suppressions.

LE MARQUIS.

O ciel! le condamner comme conspirateur !

LE ROI, *souriant*.

Oui, sans doute... n'a-t-il pas conspiré contre ton bonheur? contre ton repos?... il est coupable, et personne n'aura rien à dire... C'est si commode les conspirations !... cela sert pour tout le monde.

LE MARQUIS.

Mais cependant, sire...

LE ROI, *sévèrement*.

Hein ! qu'y a-t-il?... Est-ce que tu me blâmerais, moi, qui veux te rendre service?... Je n'aime pas les ingrats.

LE MARQUIS.

Et je ne le suis pas.

LE ROI.

N'oublie pas que ce soir nous avons un bal... un concert... En attendant, ayez soin d'écrire au sujet de ce Carascal, un ordre pour le grand-prévot... quatre lignes que je puisse signer... Qui vient là... (*Il passe auprès de la table.*)

LE MARQUIS, *apercevant Carascal*.

Ciel !

SCÈNE X.

LE ROI, LE MARQUIS, CARASCAL.

LE ROI.

Quel est cet homme?

LE MARQUIS, *troublé*.

Le maître de la maison.

CARASCAL, *entrant*.

Monsieur le marquis... (*Le voyant occupé, il s'éloigne.*)

LE ROI.

Ah! oui; tu m'en as parlé comme d'un bon royaliste...
à qui l'on peut se fier. Qu'il approche.

CARASCAL, *s'avançant.*

Monsieur le marquis!... (*Reconnaissant le roi.*) Ces
traits révérés!... Mon gracieux souverain...

LE ROI, *relevant Carascal, qui est à ses genoux.*

Il m'a reconnu... Relève-toi... relève-toi.

CARASCAL.

Vous posséder chez moi!... dans ma maison!...

LE ROI.

Du silence.

CARASCAL.

Je me tais... je me tais... Mais un pareil bonheur...
je n'y résisterai pas... j'en mourrai de joie.

Le ROI, *au marquis, qui est auprès de lui à droite.*

De joie!... voilà par exemple un genre de mort que
jusqu'ici...

CARASCAL.

Et par saint Sébastien mon patron, je suis d'autant plus
heureux, que j'avais une importante révélation à faire à
mon roi... je ne savais comment parvenir jusqu'à lui, et
voilà que tout-à-coup le ciel me gratifie de sa bienheu-
reure présence... le ciel qui, comme je le disais ce matin,
protége toujours les souverains légitimes. (*Le marquis est
passé à la gauche de Carascal.*)

LE ROI.

Oui, le ciel s'est toujours mêlé de mes affaires. Qu'avais-
tu à m'apprendre? (*Au marquis, qui s'approche pour écouter.*)
Eh bien! cher marquis, il ne faut pas que les affaires
fassent négliger les plaisirs... Je vois là (*montrant la table
à droite.*) de quoi écrire.

CARASCAL, *vivement, montrant la porte à gauche.*

Ou plutôt là, dans mon cabinet; monsieur le marquis y
sera mieux... Ma table, ma plume, mon écritoire... (*se
tournant du côté du roi.*) toute ma maison, ma fortune,
mes enfans, ma femme... non... je veux dire tout ce que
je possède est au service de sa majesté... Ainsi que moi,
son fidèle serviteur.

LE ROI, *au marquis.*

C'est bien... allez... (*Le marquis entre dans le cabinet.*)

SCÈNE XI.

LE ROI, CARASCAL.

CARASCAL, *à part, le contemplant.*

O souverain adoré!... (*à part sur le devant du théâtre.*) il y a comme une odeur de légitimité qui s'est répandue dans toute ma boutique.

LE ROI, *qui pendant ce tems a pris un bonbon dans une boîte.*

Eh bien! que fais-tu là?

CARASCAL, *humant l'air.*

Rien, sire... je respire.

LE ROI.

Tu disais tout-à-l'heure... tu sais donc quelque chose?

CARASCAL.

Oui, sire... j'hésitais d'abord. Mais mon souverain avant tout, et comme il y va de la sûreté de sa majesté.

LE ROI, *gaîment.*

Encore une conspiration!... et le marquis n'en savait rien... (*A Carascal.*) Tu disais donc, mon fils...

CARASCAL, *avec ivresse.*

Il a dit : « Mon fils... » Je n'y tiens plus... je ne résiste plus à sa bonté paternelle.... Eh bien! mon roi... eh bien! mon père... tout-à-l'heure, dans la rue, plusieurs soldats du régiment de *Tra-los-Montes* nous ont accostés, et à leurs discours il m'a été facile de voir qu'il se tramait quelques complots dirigés par leurs officiers. On a parlé de promenade, de rendez-vous de chasse... tout cela à mots couverts, il est vrai... mais il y a quelque chose, j'en suis sûr... et la première fois que vous sortirez pour aller à la chasse, promettez moi de veiller sur votre personne sacrée, promettez-moi d'avoir peur... vous aurez peur...

LE ROI.

Un complot!... encore un complot!... et je n'en sais rien... et sans ce bourgeois...

AIR : *De sommeiller encor, ma chère.*
Que fait le chef de la police?...
Quand il doit veiller sur mes jours,
Quand je veux partout qu'on sévisse,
Il s'occupe de ses amours.

J'en ai puni de moins coupables...
Ne pas découvrir, arrêter
De tels complots, des complots véritables,
Lui qui devrait en inventer.
Ne pas savoir des complots véritables,
Lui qui devrait en inventer.

Mais dis-moi, dévoué et fidèle sujet, comment les rebelles parlaient-ils ainsi devant toi?

CARASCAL.

C'est que je donnais le bras à un de leurs camarades.
(*A part.*) Ah mon Dieu!... (*Haut.*) Quand je dis cama-
rade... par l'uniforme seulement; car pour les sentimens,
c'est bien différent... et si votre majesté punit les autres,
je demande que celui-là soit épargné... que non-seulement
on lui fasse grâce, mais qu'on veuille bien en outre...

LE ROI, *prenant ses tablettes.*

C'est juste... Son nom?

CARASCAL.

Truxillo, brigadier, 2ᵉ escadron, 3ᵉ compagnie.

LE ROI, *écrivant.*

C'est bien..... j'en parlerai au grand-prévôt, qui l'em-
ploiera à la première occasion... Et toi, qui es-tu?

CARASCAL.

Je suis royaliste, absolutiste... et guitariste... On me
nomme Carascal.

LE ROI.

Carascal!

CARASCAL.

Bourgeois de cette ville... et luthier de la couronne.

LE ROI, *riant.*

Carascal!... l'aventure est impayable, et la rencontre
originale... Tu connais le marquis de Mérida?

CARASCAL.

Le favori de votre majesté?... Oui, sire... c'est une de
mes augustes pratiques.

LE ROI, *riant toujours, et prenant dans sa bonbonnière.*

C'est bien cela... et tu as une femme?

CARASCAL.

Oui, sire... sujette très-dévouée de votre majesté.

LE ROI, *lui présentant la bonbonnière. Carascal hésite.*

Allons donc.

CARASCAL, *prenant un bonbon.*

Quel honneur ! une dragée royale ! (*Il fait semblant de la mettre dans sa bouche, et la serre dans sa poche.*) Je la garderai toute ma vie.

LE ROI, *lui frappant sur l'épaule.*

Tu as donc une femme... et fort jolie, à ce qu'on prétend ?

CARASCAL, *lui montrant Paquita, qui sort de la chambre à droite.*

Votre majesté peut en juger... car la voici.

SCÈNE XII.

PAQUITA, LE ROI, CARASCAL.

LE ROI, *la regardant avec attention.*

Ah diable !... une belle femme !... des yeux noirs magnifiques !... vraie beauté portugaise !

CARASCAL, *bas à sa femme.*

Salue donc.

PAQUITA.

Et pourquoi ?

LE ROI, *bas à Carascal.*

Du silence... je le veux... (*A Paquita.*) Avec la permission du seigneur Carascal, et comme un ami à lui, voulez-vous permettre, señora... (*Il lui baise la main.*)

CARASCAL, *le regardant.*

Ah ! que je suis heureux... et ne pas oser le dire.

PAQUITA.

Je ne sais ce que cela signifie... il y a dans la rue des hommes de mauvaise mine qui ont l'air de rôder autour de la boutique.

LE ROI, *bas à Carascal.*

Ce sont mes gens... les gens de la police qui me cherchent sans doute... dis-leur que je suis ici, et qu'ils m'attendent.

CARASCAL.

Oui, majes... (*il rencontre un regard du roi.*) oui, monseigneur... (*A part.*) Chargé d'une mission royale, auprès de la police... (*A Paquita.*) Et toi, femme, et toi... (*Il rencontre un regard du roi.*) J'y vais, excellence... (*Regardant sa femme.*) Elle ne se doute pas de son bonheur. (*Il sort.*)

SCÈNE XIII.

PAQUITA, LE ROI.

PAQUITA, *regardant le roi.*

Un seigneur, a-t-il dit... quel est-il?... et comme il me regarde! il me fait peur.

LE ROI, *à part, la regardant avec des yeux enflammés.*

Mon favori est bien heureux d'avoir une telle maîtresse... je sens la colère et la jalousie qui me gagnent... (*Il va vers la droite.*) Quand je pense que ce soir elle l'attendra... qu'elle a donné rendez-vous à ce marquis de Mérida... un sot... à qui je croyais du zèle, et dont je suis très-mécontent... et je le récompenserais!... Non, non... à chacun selon son mérite et ses œuvres. (*Il se met à la table, et écrit en regardant de tems en tems Paquita.*)

PAQUITA, *qui est restée au fond, le regardant.*

Eh bien!... il est sans façon... et le voilà qui s'installe... (*Voyant le marquis.*) Dieu! le marquis.

SCÈXE XIV.

LE ROI *à la table*, PAQUITA, LE MARQUIS.

LE MARQUIS *passe devant Paquita qu'il salue, et va auprès du roi, auquel il présente un papier.*

Voici l'arrêt tout dressé. (*Paquita s'est assise auprès du cabinet à gauche.*)

LE ROI.

C'est bien... mais j'ai changé d'idée... j'ai commué la peine... je suis clément.

LE MARQUIS, *avec joie.*

Est-il possible!

LE ROI.

Oui... et au fait, pourvu qu'on éloigne le mari.

LE MARQUIS, *vivement.*

C'est tout ce qu'il nous faut.

LE ROI.

Vous avez raison... (*appuyant.*) tout ce qu'il nous faut.
(*Musique jusqu'à la fin.*)

SCÈNE XV.

LES PRÉCÉDENS, CARASCAL.

(*Carascal s'approche du roi ; Paquita est à gauche, le marquis près de la table où le roi écrit; Carascal entre et passe au coin à droite de l'autre côté de la table du roi ; plusieurs hommes enveloppés de manteaux paraissent au fond.*)

CARASCAL, *au roi, à demi-voix.*

Vos ordres sont donnés... ils sont là pour attendre votre majesté, et protéger son départ.

LE ROI, *à Carascal.*

Très-bien, je vous remercie. (*Carascal va au fond, et fait signe aux hommes de se retirer. Le roi se retournant vers le marquis, et montrant le papier qu'il vient d'écrire.*) Je mets huit jours de prison... cela suffira.

LE MARQUIS, *vivement.*

Sans doute... mais dès ce soir.

LE ROI.

Dès ce soir...

LE MARQUIS, *montrant le papier qu'il tient.*

On peut alors déchirer cet arrêt de mort qui devient inutile.

LE ROI, *le prenant.*

Non, non; cela peut toujours servir... (*regardant le marquis.*) en y changeant un seul nom.

LE MARQUIS, *qui pendant ce tems s'est approché de Paquita, qui s'est levée.*

Comme je vous l'ai dit, Paquita, ce soir, à minuit, je serai chez vous.

PAQUITA.

O ciel !

LE MARQUIS.

Veuillez me recevoir.

PAQUITA.

Devant mon mari... en sa présence... car il sera là.

LE MARQUIS.

C'est ce qui vous trompe..... je saurai bien le faire sortir.

PAQUITA.

Et moi, je saurai bien l'en empêcher.

LE ROI, *achevant d'écrire et de fermer les deux ordres.*

Marquis, un cachet...

LE MARQUIS, *allant auprès du roi.*

Voici le mien... (*Pendant que le roi cachète.*) C'est admirable.... il n'y a rien de plus piquant au monde que de se débarrasser ainsi d'un mari.

LE ROI.

Oh! il y a encore quelque chose de mieux... (*à part, regardant Carascal et le marquis.*) c'est de se débarrasser à-la-fois du mari et de l'amant. (*Il se lève et vient au milieu du théâtre *.*) Marquis, ces deux ordres au grand-prévôt, et qu'on les exécute à l'instant, car je le veux et l'ordonne, MOI, LE ROI.

PAQUITA.

Dieu! le roi. (*Le marquis, incliné, reçoit les ordres de la main du roi, tandis que Carascal baise avec respect le bas de de son manteau.*)

(*La toile tombe.*)

---

* Carascal, le Roi, le Marquis, Paquita.

FIN DU PREMIER ACTE.

ACTE DEUXIÈME.

Le théâtre représente une chambre. Cheminée dans le fond. Porte d'entrée à gauche de l'acteur. Porte secrète à droite; du même côté, tableau de madone dans une petite niche; auprès de la cheminée, porte de cabinet. Une petite table servie et deux couverts, au fond, un peu à gauche.

SCÈNE PREMIÈRE.

CARASCAL, *seul, un journal à la main, assis auprès du feu.*

Quel bonheur de se retrouver, le soir, au coin de son feu, sans trouble, sans inquiétude... avec son journal... cette excellente *Gazette d'État*... (*Il se lève et vient sur le devant du théâtre.*) Après *l'Apostolique de Madrid*, il ne paraît rien de plus fort en Europe... c'est d'une hardiesse... (*Lisant.*) « Le roi est sorti. » C'est vrai. « Le roi s'est promené. » C'est encore vrai. « Le roi a chassé. » C'est qu'elle dit tout cette honorable feuille... exactement tout..... et ici... (*Lisant.*) « L'affection des Portugais est le meilleur appui d'un gouvernement paternel comme le nôtre. »

VOIX EN DEHORS.

Qui vive?... halte!

CARASCAL.

Qu'est-ce que c'est que ça?... des patrouilles... c'est notre gouvernement paternel qui se garde. (*Revenant à son journal.*) Comme c'est écrit... et quand je pense que demain on y parlera de moi... il me semble que j'y lis déjà l'article.... « Sa majesté est entrée hier chez le luthier Carascal. » Tous mes confrères en étoufferont de dépit.

VOIX EN DEHORS.

Qui vive?... halte!

CARASCAL.

Encore !

AIR : *Du partage de la richesse.*

J'entends le fusil des gendarmes
Sur le pavé retentissant,
Et loin d'inspirer des alarmes,
Ce doux bruit est bien rassurant.
S'ils sont absens, avec crainte je veille ;
Mais dans la nuit, à chaque instant,
Quand la police est là qui vous réveille,
On peut dormir tranquillement.

SCÈNE II.

CARASCAL, PAQUITA, *venant du dehors.*

CARASCAL.

Ah ! c'est toi, ma femme... que se passe-t-il donc ?

PAQUITA.

Je ne sais... on dirait que toute la troupe est sur pied.

CARASCAL.

Tant mieux... il y a tant de gens mal intentionnés qui, sous prétexte qu'ils ont perdu leur père, leur frère, leur ami, se permettent d'être mécontens.

PAQUITA, *à part, regardant la pendule qui est sur la cheminée.*

Neuf heures !... Grâce au ciel, le marquis ne viendra pas, et d'ailleurs, tant que mon mari sera là, il n'oserait.

CARASCAL.

Qu'est-ce que tu tiens là ?

PAQUITA.

Ah ! des papiers..... des lettres qu'on vient de monter pour vous.

CARASCAL.

Donne... Ah mon Dieu ! tu es bien émue.

PAQUITA.

Non, je ne crois pas.

CARASCAL.

Si fait..... Que diable ! je m'y connais.... Comme te voilà pâle... on dirait que tu as peur.

PAQUITA.

Moi !... oui, c'est possible.... ce bruit... ces soldats qu'on entend dans la rue.

CARASCAL, *ouvrant une lettre.*

Ça doit te rassurer au contraire.

PAQUITA.

Sans doute..... j'ai tort... car enfin, ce soir.... mon ami, vous ne sortirez pas.

CARASCAL.

Peut-être un moment, après souper, pour aller savoir des nouvelles au café de *l'Inquisition.*

PAQUITA.

Ah! je vous en prie... ne sortez pas... je vous en prie en grâce.

CARASCAL.

Et pourquoi ça?

PAQUITA.

Je ne sais... je ne voudrais pas rester seule... si tard.

CARASCAL.

Es-tu enfant!

PAQUITA.

C'est possible... mais vous ne me quitterez pas... vous resterez... n'est-ce pas, mon ami?... à cette heure, vous le savez bien, les rues de Lisbonne ne sont pas sûres.

AIR *de Partie Carrée.*

On ferme tout, et vers la nuit tombante,
Oser sortir serait trop dangereux.

CARASCAL.

C'est très-bien vu, mesure très-prudente,
Les citoyens, par ce moyen heureux,
Sont obligés de rester tous chez eux!
Oui, maintenant le soir, près de leurs femmes,
Tous les maris demeurent... et je croi
Que c'est pour ça que tant de belles dames
Détestent notre roi.

Mais toi, c'est différent..... et puisque tu le veux.... je reste, je lirai ici mes lettres.

PAQUITA.

Je respire... il ne me quittera pas. (*Elle va arranger la table.*)

CARASCAL, *parcourant ses lettres.*

Quest-ce?... ah! une commande d'instrumens...

PAQUITA.

Le souper est prêt... si vous voulez...

CARASCAL, *lisant une autre lettre.*

Tiens, quest-ce que c'est que ça?..... point de signature!...

PAQUITA.

Cette lettre...

CARASCAL, *tout tremblant.*

Ah mon Dieu!

PAQUITA.

Quoi donc?... qu'avez-vous?

CARASCAL.

Je suis mort!..

PAQUITA, *prenant la lettre.*

Donnez.... (*Lisant.*) « Un ami sûr et bien instruit pré-
» vient Carascal que si, dans une heure on le trouve chez
» lui, il ne répond plus de sa liberté... ni de ses jours. »

CARASCAL,

Hem!... (*Ils se regardent tous deux avec effroi.*)

PAQUITA.

Quest-ce que cela veut dire?

CARASCAL.

Je te le demande... Ma liberté... mes jours...

PAQUITA, *continuant.*

« Carascal a une maison sur le bord de la mer... c'est
» là qu'on l'invite à se retirer sur-le-champ... Demain il
» saura tout. »

CARASCAL.

Je n'ai pas une goutte de sang dans les veines..... Il
faut partir.

PAQUITA.

Que dites-vous?... à cause des menaces de quelque ennemi secret?

CARASCAL.

Des menaces!... Je vois ce que c'est... oui, c'est pour
mon opinion.... ces infâmes *liberales!*... ils savent que je
pense bien... ils veulent m'en punir.

PAQUITA.

Eh non !... c'est impossible.

CARASCAL.

Si fait... parce qu'hier j'ai fait mon devoir..... parce que j'ai révélé...

PAQUITA.

Quoi donc?

CARASCAL, *se promenant.*

Et on croit que j'ai peur... que je reculerai... que je me cacherai... jamais... qu'ils viennent tous.... Donne-moi mon manteau.

PAQUITA.

Et pourquoi?

CARASCAL.

Mon manteau... (*Paquita lui apporte son manteau*). Certainement, je ne sortirai pas... je suis prêt à mourir pour la bonne cause... Mon chapeau.

PAQUITA.

Vous allez me quitter?

CARASCAL.

Moi, m'en aller !... fuir devant le danger !... ah! tu me connais bien.... et eux aussi !.... Non, non, je cours au palais... je me jette aux pieds de mon gracieux souverain... et je lui dis : « Sire... » (*A Paquita.*) La clé de la porte secrète... tu n'en as pas besoin. (*Il va la prendre.*) Adieu.

PAQUITA.

Mon ami, y pensez-vous?... me laisser ainsi seule !..

CARASCAL.

Il le faut bien.

PAQUITA, *le retenant.*

Et si ce n'était qu'une ruse pour vous effrayer... pour vous perdre ?...

CARASCAL.

Tu crois?

PAQUITA.

Cette lettre vient de la police... oui, j'en suis sûre... elle est du marquis de Mérida.

CARASCAL.

Du marquis?

PAQUITA.

Ne le croyez pas... restez.

CARASCAL.

Mais au contraire... il n'y a plus à hésiter... le favori du roi... le chef de la police.... il doit savoir à quoi s'en tenir.

PAQUITA.

Mais enfin. (*On entend frapper à la porte d'entrée.*) (*A part.*) Ciel ! si c'était lui !

CARASCAL, *lui prenant la main.*

Grand Dieu ! ne tremble pas comme ça... ça me gagne... demande qui est-ce qui est là... (*En tremblant.*) Qui est-ce qui est là ?

TRUXILLO, *en dehors.*

Ouvrez... c'est moi... Truxillo.

PAQUITA, *allant ouvrir.*

Truxillo !

CARASCAL, *rassuré, courant à lui.*

Ah ! cousin !

SCÈNE III.

CARASCAL, TRUXILLO, PAQUITA.

TRUXILLO, *entrant précipitamment.*

Carascal encore ici !... malgré mon avis.

CARASCAL.

Comment !... cette lettre que j'ai reçue !...

TRUXILLO.

Elle est de moi.

PAQUITA.

De vous ?

CARASCAL.

Explique-moi donc...

TRUXILLO.

Rien... pas un mot... demain... plus tard... ne perds pas un instant... pars, ou je ne réponds plus de toi...... va-t'en.

CARASCAL.

Je n'ai plus de jambes.

PAQUITA, *à Carascal.*

Puisqu'il en est ainsi... ah! partez.

CARASCAL.

Oui, je cours me réfugier au palais du roi, dont la protection...

TRUXILLO.

Garde-t'en bien .. ou tu es perdu.

CARASCAL.

Comment?... est-ce qu'ils entourent déjà le palais?...
Mon pauvre souverain!

TRUXILLO.

Il ne s'agit pas de lui.

AIR : *On prétend qu'en ce voisinage* (de Fra Diavolo).

Oui, pour toi seul, pour toi je tremble,
Éloigne-toi de ce logis ;
Qu'on ne nous voie pas ensemble,
Et profite de mon avis.

CARASCAL, *passant entre Truxillo et Paquita.*

Puisqu'il le faut, la mort dans l'âme,
Je m'en vais, sans savoir pourquoi...
Adieu, cousin, adieu, ma femme ;
Je pars... Que Dieu sauve le roi !

PAQUITA ET TRUXILLO.

Oui, pour lui seul, pour lui je tremble ;
Éloigne-toi de ce logis;
Qu'on ne $\begin{Bmatrix} \text{nous} \\ \text{vous} \end{Bmatrix}$ voie pas ensemble,
Et profite de $\begin{Bmatrix} \text{mon} \\ \text{son} \end{Bmatrix}$ avis.

CARASCAL.

La frayeur me gagne, je tremble,
Je profite de son avis ;
Tous les deux je vous laisse ensemble,
Et prenez bien soin du logis. .

(*Il sort.*)

SCÈNE IV.

PAQUITA, TRUXILLO.

TRUXILLO.

Enfin, il n'a plus rien à craindre... il est parti.

PAQUITA.

Truxillo, quel est ce mystère?... m'expliquerez-vous?...

TRUXILLO.

Ah! cousine! votre mari a des ennemis bien puissans.

PAQUITA.

Lui!... que se passe-t-il donc?

TRUXILLO.

Heureusement j'étais instruit de tout. J'ai manqué à mon devoir peut-être... mais il était si affreux à remplir.

PAQUITA.

Que dites-vous?

TRUXILLO.

Ce soir j'ai été mandé à la police, en secret... on m'a dit que j'étais choisi par une faveur insigne... dont je me serais bien passé... mais il paraît que l'on me protége... que la recommandation vient de haut... même de la cour! Je ne sais à qui je dois cela... car, jusqu'à ce jour, éloigné de Lisbonne... le roi et ses favoris tout cela m'était inconnu.

PAQUITA.

Et quelle faveur?...

TRUXILLO.

Deux arrestations à faire cette nuit... il paraît que c'est un plaisir qu'on se donne souvent ici... Deux malheureux, deux innocens peut-être à leur livrer!..... et c'est moi, Juan Truxillo, bon citoyen, soldat sans reproche, qu'on choisit pour un pareil métier!... J'étais indigné... j'allais refuser, me perdre sans doute... lorsque, sur un de ces ordres, je lis le nom de Carascal.

PAQUITA.

De mon mari?

TRUXILLO.

Jugez de ma surprise!... mon vieil ami condamné par le tyran dont il se fait le défenseur.

PAQUITA.

Condamné... grand Dieu!

TRUXILLO.

Air *du Baiser au Porteur.*

Rassurez-vous... par moi cette sentence
Ne doit, hélas! s'accomplir qu'à minuit!

Et vot' mari, prév'nu deux heur's d'avance,
Est à l'abri du coup qui le poursuit.

PAQUITA.

Et vous, ô ciel!

TRUXILLO.

Qu'il vive! ça suffit.

PAQUITA.

Qu'avez-vous fait?

TRUXILLO.

Je sauve une victime!

PAQUITA.

Et si le roi venait à le savoir?...

TRUXILLO.

On peut sans craint' lui dérober un crime,
Il est trop rich' pour s'en apercevoir.

PAQUITA.

Eh! qui a pu faire condamner mon mari?

TRUXILLO.

C'est sur la dénonciation du chef de la police.

PAQUITA.

Du marquis de Mérida.

TRUXILLO.

Juste, du marquis.

PAQUITA.

Quelle horreur!... je ne puis le croire encore.

TRUXILLO.

J'ai là l'ordre en bonne forme.

PAQUITA.

Ah! l'infâme! c'est donc ainsi qu'il voulait l'éloigner!...
voilà le moyen dont il me menaçait... pour arriver sans
danger cette nuit jusqu'à moi.

TRUXILLO.

Que dites-vous?

PAQUITA.

Que vous seul maintenant êtes mon protecteur... et que
je veux, que je dois tout vous avouer... Cet homme que je
hais, que je veux fuir... cet ennemi implacable, que n'ont
pu fléchir ni mes larmes, ni mes remords...

TRUXILLO.

Eh bien ?

PAQUITA.

C'est le marquis de Mérida.

TRUXILLO, *avec indignation.*

Malheureuse ! (*Paquita se cache la tête dans ses mains.*)
Lui ! qui, pour se défaire d'un rival, d'un mari, ne connaît
que la dénonciation, l'exil, l'échafaud... Voilà donc les
misérables qui nous gouvernent à la face de toute l'Europe !..... Mais cette fois du moins il ne jouira pas de
l'impunité... le tyran lui-même s'est chargé de notre vengeance.

PAQUITA.

Que voulez-vous dire ?

TRUXILLO.

Que les tigres, à ce qu'il paraît, se déchirent entre eux,
car je vous ai dit que j'avais un second ordre, signé du
maître... l'ordre d'arrêter aussi cette nuit... et de fusiller
le marquis.

PAQUITA, *vivement.*

Grand Dieu !

TRUXILLO, *avec colère.*

Ne tremblez-vous pas pour lui ?

PAQUITA.

Moi !

TRUXILLO.

Oui, je le vois... son danger vient d'expier son crime
et de réveiller votre tendresse.

PAQUITA.

Ah ! vous pouvez m'accabler... j'ai tout mérité.

TRUXILLO.

Pardon, pardon, cousine, vous ne savez pas ce que je
souffre, quand je pense qu'un lâche tel que lui a obtenu un
bien que j'aurais payé de ma vie... oui, de ma vie entière !
et maintenant que mes espérances, que mes illusions sont
détruites, je n'ai plus qu'à mourir.

PAQUITA.

O ciel !

TRUXILLO.

Mais ce ne sera pas, du moins je l'espère, sans avoir rendu
un dernier service à mon pays et à mes amis... Écoutez-
moi... nous avons déjà été à l'hôtel du marquis... il n'é-
tait pas venu du palais... il avait fait dire qu'il ne rentre-
rait pas de la nuit... il compte venir ici, c'est clair.

PAQUITA.

Ne le croyez pas.

TRUXILLO.

Je le désire maintenant, car nous serons là... Je vais
réunir mes soldats... et que le bruit des armes, que cet
appareil militaire ne vous effraie pas... vous savez que
j'ai un ordre à exécuter... je suis obligé de venir ici à minuit, pour arrêter Carascal, que, grâce au ciel, je ne
trouverai pas... mais un autre y sera, je l'espère, et malheur à lui!..... Adieu, cousine, adieu... ne craignez
rien... je veille sur votre mari, et sur vous. (*Il sort.*)

SCÈNE V

PAQUITA, *seule*.

Je ne puis en revenir ancore... et je n'ose jeter les yeux
sur moi... j'ai pu aimer un pareil homme. Ah! ce n'est pas
lui, c'est moi qu'il faut punir!... Et quand je pense qu'il
aura cette audace... O mon Dieu! je t'en supplie... je te
le demande à genoux... qu'il ne vienne pas... qu'il ne
vienne pas!... et puis, s'il vient, c'est la mort qui l'attend
et le menace .. Ce n'est pas à moi de le défendre et de le
protéger. . Mais quand je pense que là... sous mes yeux...
moi, plus coupable que lui!... . Non, non..... que Dieu
prononce ailleurs son châtiment et le mien!... je n'en serai
pas témoin, je ne l'aurai pas attiré dans le piége... et quoi-
qu'il arrive... je ne le recevrai pas... (*Elle court à la porte
d'entrée qu'elle ferme à double tour et aux verroux.*) Je n'ou-
vrirai à personne.

(*En ce moment, on voit s'ouvrir la petite porte dérobée qui
est à droite. Paquita pousse un cri.*)

Ah! cette porte dérobée!... c'est lui... plus d'espoir...
(*Courant à lui.*) Monsieur... au nom du ciel... Dieu! ce
n'est pas lui!

SCÈNE VI.

LE ROI, PAQUITA.

LE ROI, *jetant son manteau.*

Heureusement.

PAQUITA.

C'est le roi... Ah! sire, protégez-moi.

LE ROI.

C'est bien mon intention... je ne viens que pour cela...

PAQUITA.

Que le ciel vous en récompense.

LE ROI.

J'y compte; et cela commence déjà... car c'est bien l'aventure la plus piquante.

AIR : *J'en guette un petit de mon âge.*

Venir la nuit, par la porte secrète,
Grâce à la clé qu'un amant plus heureux
Reçut jadis de votre main discrète.

PAQUITA.

Quoi! le marquis...

LE ROI.

Il m'a fait ses aveux;
Mais à sa place, et par un stratagême,
Ici je suis venu, ce soir;
(*La regardant.*)
Un bon prince, c'est son devoir,
Doit tout connaître par lui-même.

Et quand le marquis m'a eu confié tout-à-l'heure dans mon palais de Quélus, où nous passions la soirée ensemble, qu'il était attendu ici, à minuit...

PAQUITA.

Quelle indignité!

LE ROI

Tu as raison... c'était très-mal... Aussi, sois tranquille, je l'ai puni de son indiscrétion... (*souriant.*) et cela ne lui arrivera plus... je te le promets...

PAQUITA.

O ciel!

LE ROI.

Il y avait un ordre contre lui... un ordre pour cette nuit, pour demain, que sais-je... cela n'en aurait pas fini.

PAQUITA.

Eh bien! cet ordre?

LE ROI.

Nous l'avons escompté... c'est une affaire faite... (*Galamment.*) J'étais si impatient, que j'ai tout devancé, même l'heure du rendez-vous... car j'arrive à onze heures... et s'il est vrai que l'exactitude soit la politesse des rois... tu cenviendras que je suis ce soir le prince le plus honnête de la chrétienté.

PAQUITA.

En vérité, sire, je ne puis comprendre d'où nous vient l'honneur d'une pareille visite.

LE ROI, *répétant le mot.*

L'honneur!... eh mais! quel air... quel ton respectueux! traite-moi sans cérémonie, en amie... là, comme le marquis.

PAQUITA.

Le marquis... ô ciel! vous pourriez croire... lui que je hais, que je déteste.

LE ROI.

Tant mieux... tu auras moins de peine à l'oublier... Cependant tu l'attendais... et ce repas disposé là... au coin du feu... cela se trouve à merveille... car je venais te demander à souper.

PAQUITA.

A moi?

LE ROI.

Voilà le seul objet de ma visite.

PAQUITA.

Ah mon Dieu! et mon mari qui n'est pas là.

LE ROI.

A quoi bon... il n'y a que deux couverts. (*Il s'approche de la table.*)

PAQUITA.

Comme vous voudrez, sire... et si en son absence je

puis vous faire les honneurs de sa maison et servir votre
majesté...

LE ROI, *auprès de la table.*

Me servir... y penses-tu?... c'est moi, au contraire...
Allons, mets-toi là... (*Il met une chaise devant la table.*)
près de moi... je t'en prie... je le veux... (*Paquita va
s'asseoir à la table, à la droite du roi.*) (*A part.*) Ce pauvre
marquis! m'emparer de tout ce qu'on lui destinait... (*Regardant Paquita.*) de tout... c'est amusant... encore une
usurpation, et de par Dieu!... c'est mieux qu'une couronne.
(*Haut.*) A boire, Paquita... (*Il tend son verre. Paquita lui
verse en tremblant.*) Eh mais! ta main tremble...

PAQUITA.

Moi, du tout... (*A part.*) Ah! je me meurs!

LE ROI.

Le marquis m'a dit que tu avais une voix charmante...
je veux l'entendre.

PAQUITA.

Ah! quelle cruauté!

LE ROI, *avec colère.*

Qu'y a-t-il?

PAQUITA.

Rien, sire... j'obéirai.

LE ROI.

A la bonne heure... (*Il se lève, prend une guitare qui
était pendue auprès de la cheminée, et le met entre les mains
de Paquita, qui la prend en tremblant.*) Elle tremble! c'est
charmant... (*Il s'asseoit.*) Chante, je t'écoute.

PAQUITA.

COUPLETS.

(*Musique de M. Hormille.*)
Appui de la Lusitanie,
Toi vers qui s'élève ma voix,

LE ROI, *sans l'interrompre.*

Bien... un air national.

PAQUITA.

Grand Dieu, protège la patrie,
Veille sur le sang de nos rois.

ENSEMBLE.

(A part.)
Appui des malheureux,
Toi, qui comprends nos vœux,
Délivre-nous de ce monstre odieux.

LE ROI.

Ah! que je suis heureux!
Le feu de ses beaux yeux
A dans mon cœur allumé mille feux.

LE ROI.

Allons, continue...

PAQUITA.

2ᵉ COUPLET.

Sous son sceptre heureux et prospère,
Règnent la justice et la loi;
De ses sujets il est le père,
Que Dieu protége notre roi.

ENSEMBLE.

(A part.)
Appui des malheureux,
Toi qui comprends nos vœux,
Délivre-nous de ce monstre odieux.

LE ROI.

Ah! que je suis heureux!
Le feu de ses beaux yeux
A dans mon cœur allumé mille feux.

LE ROI, *se rapprochant de Paquita.*

Brava! brava... tout ici m'enivre à-la-fois... je bois
à la reine de Lisbonne... et toi, Paquita, ne boiras-tu
pas à son souverain?

PAQUITA.

Tous les jours, mon mari et moi nous portions un toast
à notre roi, à son bonheur.

LE ROI.

Eh bien! il dépend de toi en ce moment.

PAQUITA, *se levant et venant sur le devant du théâtre.*
Non, laissez-moi... jamais.

LE ROI, *se levant, et avec colère.*

Jamais... sais-tu ce qu'un pareil mot peut te coûter de
regrets et de larmes.

PAQUITA *.

Mon respect...

LE ROI.

Ah! garde ton respect... c'est de l'amour qu'il me faut...
Il n'y a pas à Lisbonne une femme qui ne fût fière de
celui que tu m'inspires... et toi, tu me repousses!... tu me
réponds : « jamais... » Songes-y; je veux être aimé... je
le veux... ou tremble...

PAQUITA, *tombant à genoux.*

Grâce, grâce, sire... n'abusez pas du secret qu'un misérable vous a confié... ne m'accablez pas de votre mé-
pris... songez que mon mari est un de vos serviteurs les
plus fidèles.

LE ROI, *la regardant avec plaisir.*

Ah! que tu es belle! tu as donc peur... tu m'aimes...
que les larmes te vont bien... (*La relevant et la serrant
dans ses bras.*) Relève-toi... je n'y résiste plus... je brave
en vain tes charmes.

PAQUITA, *se dégageant de ses bras.*

Et moi je brave ton pouvoir... dût la foudre tomber
sur moi, je me donnerais au dernier de tes sujets plutôt
qu'à toi, qui n'es qu'un lâche et un tyran. (*Elle s'éloigne
de lui.*)

LE ROI, *avec fureur.*

Paquita!

PAQUITA, *avec fierté.*

Arrière!... qui méprise la vie n'est plus en ta puis-
sance!...

LE ROI, *s'approchant.*

C'est ce que nous verrons.

PAQUITA, *saisissant un couteau qui est sur la table, et le tenant
levé sur le roi.*

LE ROI, *reculant avec effroi.*

A mon secours.

(*On frappe rudement à la porte, et l'on entend plusieurs voix
en dehors.*)

Ouvrez, ouvrez...

MUSIQUE.

AIR *de la Muette.*

Plus d'esclavage, etc.

---

* Paquita, le Roi.

LE ROI.

Qu'est-ce que c'est.

TRUXILLO, *en dehors.*

Ouvrez... de par le roi. (*Paquita laisse tomber le couteau.*)

LE ROI, *avec joie.*

De par le roi... (*A Paquita.*) Le ciel que tu implorais envoie à mon aide. (*Il traverse le théâtre.*) entre là dans cette chambre, (*montrant celle qui est auprès de la cheminée.*) moderne Judith! Tu espérais... mais Dieu aidant, je suis encore sûr de ma tête... tu n'en pourrais peut-être pas dire autant de la tienne. Rentre... et attends mes ordres... (*Paquita entre dans la chambre.*) (*On frappe encore. Le roi va ouvrir la porte.*)

SCÈNE VII.

LE ROI, TRUXILLO, PLUSIEURS SOLDATS.

LE ROI, *à part.*

Des soldats!... à merveille... Ah diable!... régiment de *Tra-los-Montes*... Je n'en connais pas un; et ils sont, dit-on, animés d'un mauvais esprit. N'importe... sachons qui les amène.

(*Pendant ce tems, Truxillo a rangé ses soldats en dehors de l'appartement, et auprès de la porte.*)

TRUXILLO.

N'est-ce pas ici la demeure de Carascal, le luthier?

LE ROI.

Précisément.

TRUXILLO.

Alors, je vous arrête au nom du roi.

LE ROI, *à part.*

C'est ma foi vrai... je n'y pensais plus... (*Haut.*) C'est fort bien, mon brave... mais je vois que tu ne me connais pas... je ne suis point Carascal.

TRUXILLO.

A d'autres... on ne m'abuse pas... Que l'on me suive.

LE ROI.

Je te répète que, grâce au ciel, je ne suis point le mari de la señora Paquita.

TRUXILLO.

Et moi je vous répète que celui qui se trouve chez elle, la nuit, à une pareille heure, ne peut être que son mari... ainsi, marchons.

LE ROI, *à part.*

Quelle bête brute!... Il faut bien se faire connaître... mais pas devant ce monde... ce serait demain la nouvelle des casernes de Lisbonne. (*Haut.*) Brigadier... j'ai deux mots à vous dire... à vous seul.

TRUXILLO.

Je ne demande pas mieux... car je veux, dans ce logis surtout, éviter le bruit et l'éclat... (*Aux soldats.*) Descendez, vous autres, et attendez-moi dans la rue, autour de la maison.

(*Pendant que Truxillo parle aux soldats, le roi traverse le théâtre, et se trouve à la gauche de Truxillo.*)

SCÈNE VIII.

TRUXILLO, LE ROI.

LE ROI.

Maintenant nous sommes seuls... à nous deux... et puisqu'il faut décliner son nom... je te le répète, je ne suis point Carascal; mais...

TRUXILLO, *à demi-voix, avec une fureur concentrée.*

Je le savais... Vous êtes le marquis de Mérida.

LE ROI, *riant.*

Moi!

TRUXILLO.

Le digne favori d'un tyran que je hais... que j'abhorre... et que je voudrais tenir comme je vous tiens en ce moment.

LE ROI, *avec effroi, et à part.*

Ah! c'est différent... ne nous nommons pas... (*Haut, et avec inquiétude.*) Eh bien! oui, je suis le marquis.

TRUXILLO.

Misérable!... que viens-tu faire ici?... séduire, déshonorer la femme de mon ami!...

LE ROI.

Je ne dois de comptes qu'à mon souverain... et toi, qui

parles, crains qu'il ne te punisse un jour de tant d'insolence.

TRUXILLO.

Je ne crains rien, ni de lui, ni de toi... tu n'es plus libre, et ta vie est dans mes mains.

LE ROI.

Voudrais-tu attenter à mes jours, sans remords, sans pitié?

TRUXILLO.

De la pitié!... en avais-tu pour cette infortunée que la terreur a livrée à ton amour? en avais-tu pour le malheureux que tu faisais condamner à la prison, pour le déshonorer plus librement?... Ah! quand j'ai tout su, tout appris, j'ai voulu te punir... les venger!... Mais grâce au ciel, le tyran que tu sers s'en est chargé... Tiens, lis ton arrêt de mort... le voilà signé de lui.

LE ROI.

Non, non...

TRUXILLO, *lui montrant l'arrêt.*

Signé de lui!... reconnais-tu sa main?... C'est encore du sang qu'il demande... mais cette fois du moins, c'est juste .. c'est le tien.

LE ROI.

Le mien!... tu oserais...

TRUXILLO.

Oui... le valet, en attendant le maître!... Un traître de moins, c'est toujours ça de gagné... Allons, suis-moi.

LE ROI.

Jamais... Écoute, je ne puis t'échapper... sauve-moi... le roi qu'on a trompé, mais qui m'aime, qui tient à ma vie, se chargera de la récompense.

TRUXILLO.

Je ne veux rien de lui... que sa chute... suis-moi... J'ai là ta sentence... je puis la mettre à exécution à l'instant même.

LE ROI.

Voulez-vous me tuer ici?

TRUXILLO.

Non, non... je vous l'ai dit; point de bruit, point d'éclat... ce serait déshonorer Carascal! (*Le regardant avec fureur, et portant la main à son sabre.*) Sans cela... Mais venez, descendons.

LE ROI, *se sauvant vers le fond.*

Je ne sortirai pas...

TRUXILLO.

Vous me suivrez.

LE ROI.

Jamais.

TRUXILLO.

Je saurai bien t'y forcer... j'ai en bas des hommes qui me sont dévoués, je cours les rassembler. (*Il va fermer la porte de côté, et emporte la clé.*) Je fais approcher une voiture; et tu me suivras... sans bruit, sans résistance... ou sinon!... *

LE ROI, *élevant la voix.*

Ne l'espère pas... on viendra à mon secours.

TRUXILLO.

Personne... car je leur montrerai l'ordre de ton maître... et tous, sans rien dire, laisseront passer la justice du roi.

LE ROI.

Les lâches! les vils esclaves!... Mais tremble que le roi lui-même...

TRUXILLO, *avec colère.*

Le roi!... Tu vas nous rendre tes comptes... en attendant que Dieu et le Portugal lui demandent les siens.

LE ROI, *se précipitant sur ses pas.*

Ah! grâce... grâce...

TRUXILLO, *le repoussant.*

Loin de moi, misérable... Il y a donc une justice.

(*Il sort, et ferme la porte en dehors.*)

----

* Le Roi, Truxillo.

SCÈNE IX.

LE ROI, *seul.*

Une justice!... Je suis perdu... (*On entend fermer la porte.*) Ah! me voilà seul... si je pouvais ici... (*Il court à la porte secrète qu'il trouve fermée.*) Non, là... (*Il court de l'autre côté appelant.*) Paquita, Paquita!... (*On entend la porte se fermer en dedans au verrou.*) Ah! qu'est-ce que je fais?... elle me livrerait plutôt... Ils vont venir... et je ne puis m'échapper... Eh bien! qu'ils viennent, ces soldats... je leur dirai mon nom... ils trembleront devant leur roi légitime!... Mais s'ils sont comme leur chef, ils ne comprendront pas cela... ils veulent ma mort, ils la veulent tous... Oh! non, non... ils n'oseront pas... je les fléchirai par mes larmes, par mes prières... je leur promettrai... tout ce qu'ils voudront... de leur pardonner... d'être juste, clément, humain... (*Avec fureur.*) Oh! je l'étais trop... il fallait les écraser tous... et si j'étais libre... si... (*Se sauvant avec effroi dans un coin du théâtre.*) Ah! il me semble les entendre... je tremble... je me meurs... (*D'une voix tremblante.*) J'ai peur... à moi... à mon secours!... Ah! les voilà!... Oh! mon Dieu, mon Dieu!... sainte Marie-Majeure... saint Michel mon patron... sauve-moi. (*Il prie.*)

SCÈNE X.

CARASCAL, LE ROI.

CARASCAL, *passant la tête à la porte secrète.*

C'est moi.

LE ROI.

Qu'entends-je?

CARASCAL.

Qu'est-ce que c'est que ça?

LE ROI, *se jetant dans ses bras.*

Carascal!

CARASCAL.

Le roi!

LE ROI, *lui mettant la main sur la bouche.*

Silence... Carascal, mon ami, mon sauveur... Ah! viens, viens... je pensais à toi...

CARASCAL.

O mon bon maître !

LE ROI.

Qui t'amène ?

CARASCAL.

Votre salut... J'étais arrivé au bord de la mer, dans une maison à moi, habitée par un vieux pilote qui vient de signaler une flote française.

LE ROI.

Les Français ?...

CARASCAL.

Et il assure qu'au point du jour elle sera en vue de Lisbonne.

LE ROI.

Les Français !

CARASCAL.

A cette nouvelle, j'ai oublié mes dangers pour ne songer qu'aux vôtres... Je revenais...

LE ROI.

Tu as bien fait... poursuivi cette nuit, par des rebelles, je m'étais précipité chez toi.

CARASCAL.

Chez moi ! quel honneur !

LE ROI.

Dis-moi... au bas de cet escalier ?

CARASCAL.

Personne... mais j'ai vu des soldats accourir à l'autre rue... du côté de ma boutique.

LE ROI, *à part.*

Ce sont eux.

CARASCAL.

Je cours les prévenir... vous conduire moi-même. (*Il va vers la porte d'entrée... le roi le retient.*)

LE ROI.

Non, reste... j'ai des gardes ici près... le palais est à deux pas... Mon manteau.

CARASCAL.

Mais, sire...

LE ROI.

Reste, Carascal, silence... ce qui m'est arrivé chez toi, je ne l'oublîrai pas..... non certes, je ne l'oublîrai pas... Et moi qui m'effrayais... qui tremblais!... le ciel veille toujours sur moi... Adieu... adieu... (*En sortant.*) Ah! les misérables!... comme je vais me venger! (*Il sort par la porte secrète.*)

CARASCAL, *le suivant des yeux.*

Dieu protége votre majesté..... O mon Dieu! je peux mourir maintenant... j'ai sauvé mon souverain.

SCÈNE XI ET DERNIÈRE.

CARASCAL, TRUXILLO, Soldats, *ensuite* PAQUITA.

TRUXILLO, *à la cantonade.*

Entrez tous, suivez-moi. (*Apercevant Carascal.*) O ciel!

CARASCAL.

Truxillo!

TRUXILLO.

Toi ici!... et lui, où est-il?

CARASCAL.

Qui-donc?

TRUXILLO.

Eh bien! lui... le lâche que j'ai renfermé dans cette chambre... le marquis de Mérida.

CARASCAL.

Je n'y ai vu que mon roi.

TRUXILLO.

Le roi... le roi!...

CARASCAL.

Certainement... Quand je suis entré, il était seul, tremblant... royalement, j'ose le dire... poursuivi par des traîtres... il me l'a dit, et je l'ai fait échapper. (*Courant à la porte de la chambre de Paquita.*) Ma femme, ma femme, j'ai sauvé le roi!

PAQUITA, *entrant* *.

Il est sorti!

* Paquita, Carascal, Truxillo.

TRUXILLO.

Eh quoi! don Miguel!....

PAQUITA.

Oui, c'était lui.

TRUXILLO.

O damnation!..... je l'avais en mon pouvoir, et je ne l'ai pas su.

CARASCAL.

Qu'entends-je!.... c'est donc vous qui le poursuiviez!... c'est de votre fureur que je l'ai sauvé?

TRUXILLO.

- Tu l'as sauvé!.... malheureux... et tu t'en réjouis... et tu triomphes de l'avoir rendu à ses vengeances.

CARASCAL.

Dis à son peuple... à son excellent peuple.

PAQUITA.

Apprends donc, toi, son sujet fidèle, quelle récompense il réservait à ton dévoûment... il venait ici pour t'enlever ta femme.

CARASCAL.

Qui oserait le dire?

PAQUITA.

Moi, qui l'ai vu à mes pieds.

CARASCAL.

Tais-toi, tais-toi... un roi par la grâce de Dieu!

TRUXILLO.

Eh bien! démens donc le témoignage de tes yeux. (*Lui montrant un papier.*) Cette condamnation portée contre toi, et que je dois exécuter, n'est-elle pas écrite de sa main et signée de lui?

CARASCAL.

O ciel! (*Se frottant les yeux et relisant encore.*) Je m'abuse sans doute. (*Après avoir lu.*) Non vraiment.

TRUXILLO.

Heureux qu'il ne t'ait pas traité comme le marquis de Mérida, son ami... qu'il a condamné à mort.

CARASCAL.

A mort !

PAQUITA , *avec émotion.*

Oui, c'est fini..... le marquis n'est plus...... le roi l'a
dit... et, en pareil cas, le roi ne trompe jamais.

CARASCAL.

Quoi ! ce pauvre marquis aussi !... quelle horreur !...
notre meilleur ami... ma meilleure pratique !... Ah çà !
mais c'est donc un monstre que mon souverain légitime !

TRUXILLO.

Oui, un monstre dont il faut redouter la fureur..... il
n'oubliera pas ce qui s'est passé ici.

CARASCAL.

Et moi qui l'adorais... moi qui étais si monarchique...
C'est fini... je ne veux plus de rois... je déteste les rois...
je suis républicain.

TRUXILLO , *passant au milieu.*

Écoutez-moi... vous n'avez pas un instant à perdre...
dans une heure peut-être votre maison sera enveloppée.

PAQUITA.

Je me meurs.

CARASCAL.

Je me sauve... mais comment ?

TRUXILLO.

Un seul moyen de salut... les Français, que le tyran a
outragés, viennent, dit-on, en demander vengeance... et
si nous savions les seconder..... si nous voulions être libres nous le serions... Mais, dès à présent, la flotte française vous offre un asile généreux... venez, suivez-moi...
je vous conduis au port... vous partez pour la France...

PAQUITA.

Et vous, Truxillo ?

CARASCAL.

Tu pars avec nous.

TRUXILLO.

Non... j'ai des amis qui comptent sur moi, et je me dois
à mon pays, où il y a encore des victimes à sauver et un

tyran à punir... Je reste... l'heure fatale est venue peut-être... Allez, nous nous reverrons, je l'espère... mais si, plus tard, vous apprenez que des soldats ont voulu rendre la liberté au Portugal, et qu'ils sont morts... alors vous donnerez une larme au pauvre Truxillo... Adieu, adieu, mes amis; partez... (*On entend dans le lointain plusieurs coups de canon.*)

MUSIQUE.

AIR : *La victoire en chantant*
Nous ouvre la barrière, etc.

Ce sont les Français... ils ont forcé l'entrée du port.....
écoutez, écoutez... et que don Miguel tremble... voici
venir la justice des peuples. (*Truxillo sort avec les soldats par
la porte à gauche; Carascal et Paquita sortent par la porte
secrète.*)

FIN.

Table

À Continuer

www.ingramcontent.com/pod-product-compliance
Lightning Source LLC
LaVergne TN
LVHW022015080426
835513LV00009B/734